E. HENNEBERT.

HENRI DE L'ESPÉE.

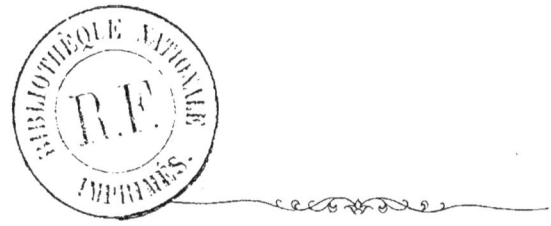

PARIS,
TYPOGRAPHIE DE FIRMIN DIDOT FRÈRES, FILS ET CIE,
IMPRIMEURS DE L'INSTITUT, RUE JACOB, 56.

1871.

HENRI DE L'ESPÉE.

La guerre sans nom qui vient de nous désoler, au lendemain de l'invasion prussienne, laissera dans notre histoire une page tachée de sang et souillée de honte. Ce n'était point une guerre civile ordinaire, née d'une divergence de principes politiques ou d'idées religieuses, ni d'un besoin de réformes d'ordre déterminé ; encore moins, des écarts d'un patriotisme en délire. C'était un nouvel épisode de la lutte fatale qu'entretient perpétuellement chez les hommes l'inégale répartition des biens. Les fondateurs de la Commune de Paris ne dessinent, en 1871, aucune idée originale ; ils procèdent tout bonnement de l'antiquité, qui avait, elle aussi, ses socialistes. Que, parmi tous les documents venus jusqu'à nous, on veuille seulement relire une comédie d'Aristophane, *la Richesse*, représentée à Athènes plus de quatre cents ans avant notre ère, et l'on saura facilement en dégager une loi dont les sciences morales et politiques n'ont pas suffisamment étudié les effets constants : c'est la loi du déchaînement des convoitises, de la violence des excès auxquels le besoin naïf d'acquérir et de jouir, sans avoir à passer par les voies du travail, pousse périodiquement des multitudes égarées par une longue propagande d'erreurs économiques.

En tous temps, en tous lieux, les insurrections dites sociales se peuvent, de prime abord, reconnaître au cachet tout spécial dont sont profondément empreintes leurs œuvres audacieuses. Inexorable terrorisme, tel est le mot d'ordre des chefs, et, dès lors, les sectaires cupides n'ont pas de plus saint devoir que de descendre et de monter, tour à tour, la gamme de tous les attentats connus. Nous ne pouvions certes pas nous flatter d'échapper aux coulées de lave de l'éruption communiste de 1871. Aussi le pillage a-t-il sévi avec intensité, et l'assassinat était-il grandement en honneur à Paris. La France en fut à se demander avec angoisses si ses destinées la condamnaient à devenir la proie de peaux-rouges hybrides, mystérieusement issus d'une civilisation coupable.

Pour nous, qui écrivons ces lignes, nous avons senti, dès le premier jour de ces saturnales, se déchirer notre cœur d'ami sous les coups furieux des agresseurs; une victime est tombée, que sa droiture et ses vertus semblaient devoir préserver de toute atteinte, et dont le souvenir nourrira toujours notre affliction. Le martyr se nommait Henri de l'Espée, et ce nom vient d'éveiller douloureusement les échos de la France, car l'Assemblée nationale a proclamé solennellement que le courageux préfet de la Loire avait, en mourant, bien mérité du pays. Pouvions-nous désirer pour lui plus belle et plus saisissante oraison funèbre? Certes, la mort de ce juste doit racheter bien des crimes, et Dieu ne peut vouloir que ceux qui l'aimaient ne soient pas consolés.

A sa famille en deuil, à tous ceux qui ont, une fois en leur vie, serré la main de notre pauvre cher mort, au pays tout entier, qui connaît aujourd'hui l'étendue de son sacrifice, nous voulons retracer quelques traits saillants de son grand caractère. C'était, comme l'a si bien dit M. Augustin Cochin, un homme *intelligent, travailleur, modeste, chrétien, intrépide, indépendant*. Nous n'analyserons ni les mérites de l'homme de bien, ni ceux de l'homme, sous tant de rapports éminent, qui fût certainement devenu une puissance au service de son pays. Nous nous proposons simplement d'esquisser une vie militaire, car, il faut qu'on le sache aussi, depuis le jour de l'entrée des Prussiens en France jusqu'à celui de la chute de Paris, de l'Espée a servi son pays en digne et vaillant gentilhomme.

Nous nous agenouillons donc sur la tombe d'un soldat.

I.

La nouvelle des premiers désastres de l'armée du Rhin avait cruellement fait saigner le cœur si patriote de Henri de l'Espée. Bientôt, il eut à recevoir dans son village, à son foyer même, les débris du corps de Mac-Mahon, et le château de Froville fut, un instant, le centre de refuge d'une foule d'échappés de Reichshoffen. La situation était fort sombre, et il devenait évident que le torrent de l'invasion allemande n'avait plus qu'à se précipiter par la brèche ouverte. Ces tristes prévisions ne tardèrent pas à se réaliser; les Prussiens inondèrent la Lorraine.

Henri de l'Espée ne put se résigner à subir ainsi l'occupation étrangère; il résolut de la combattre, et, laissant à Froville sa jeune et vaillante femme avec ses enfants, il s'achemina vers Paris, car il était clair déjà que Paris allait être l'objectif d'un ennemi audacieux.

On était alors au 15 août. La grande ville était triste ; elle s'alarmait de l'échec de nos armes et, d'ailleurs, un premier mouvement démagogique venait de la troubler profondément. Chacun se rappelle ce poste de pompiers brusquement assailli, en plein jour, par des meneurs de bas étage. C'était le prélude des trop fameuses *journées* qui devaient plus tard agiter et compromettre la défense. Les 4 et 21 septembre, les 5, 8 et 31 octobre 1870, le 22 janvier 1871, Henri de l'Espée est destiné à voir monter, l'une après l'autre, toutes les marées d'une multitude en délire, jusqu'à ce que, enfin, le 18 mars, il soit lui-même, hélas ! emporté par le flot.

Dès son arrivée à Paris, notre ami rendit visite à M. Thiers, qui l'engagea vivement à persévérer dans le projet qu'il avait formé de coopérer de toutes ses forces aux travaux de défense du territoire, et il alla aussitôt se mettre à la disposition du général de Chabaud-la-Tour, alors président du comité des fortifications et membre du comité de défense. Paris venait d'être divisé en neuf secteurs, et la 3ᵉ circonscription du génie, commandée par le général Javain, comprenait, outre les septième, huitième et neuvième secteurs de l'enceinte, les forts d'Ivry, de Bicêtre, de Montrouge, de Vanves et d'Issy, ainsi que tous les ouvrages entrepris en avant des forts pour couvrir les dehors de la place. Les plus considérables de ces ouvrages étaient, dans la région du sud, les redoutes des Hautes-Bruyères, de Châtillon, de Montretout. Ils devaient être soutenus et reliés entre eux par des défenses d'une importance secondaire, et c'est ainsi que, entre Châtillon et Montretout, fut décidée la création des ouvrages de Meudon, de Brimborion, de la Capsulerie et de la Brosse.

Henri de l'Espée fut attaché à cette circonscription et chargé de construire la *redoute de la Capsulerie*, laquelle avait à défendre les bois, à battre la grande route de Sèvres, ainsi que les pentes de Ville-d'Avray, à croiser ses feux avec ceux des ouvrages de Brimborion et du plateau de la Brosse.

Excellent ingénieur, il sut saisir, du premier coup d'œil, le caractère spécial de l'œuvre qu'on attendait de lui. Il se mit au travail avec une ardeur sans égale, et tous les officiers du génie, ses camarades, n'eurent qu'à louer sans ambages ce zèle intelligent, cette puissance de production qui faisait merveille. Malgré la difficulté d'embaucher et de retenir des ouvriers sur les chantiers de la Capsulerie, difficulté qui équivalait presque à un manque de bras absolu, les parapets se massèrent, les talus furent dressés et, vers le 18 septembre, c'est-à-dire moins d'un mois après l'ouverture des travaux, la redoute se trouvait en état très-suffisant de défense. Il est juste de mentionner ici le nom de trois jeunes gens qui s'étaient alors mis à la disposition de Henri de l'Espée, et qui le secondèrent parfaitement. C'étaient MM. François Daru, Henri Cochin et François de Broglie.

L'ouvrage si péniblement et si habilement construit devait néanmoins tomber dans le domaine du vain archaïsme, car le gouvernement ne crut devoir ni l'armer, ni même le faire occuper par un détachement d'infanterie. C'est avec un vrai chagrin que de l'Espée abandonna les épaulements, désormais inutiles, qu'il avait si consciencieusement, si amoureusement élevés. Il rallia le commandant du génie Lévy au château de Meudon, où se terminaient aussi d'importants travaux de fortification passagère qui allaient être également abandonnés à l'ennemi.

On était alors au 19 septembre, et, depuis le matin, les Prussiens tenaient tête aux colonnes du général Ducrot. Vers midi, nos troupes décousues durent abandonner le plateau de Châtillon, et la partie fut perdue décidément. Dans cette situation critique, de l'Espée prêta au commandant Lévy le concours d'une énergie peu commune. Les quelques centaines d'hommes qui avaient rejoint le château de Meudon y furent, en effet, maintenus jusqu'au soir, et purent, quoique cernés par l'ennemi, rentrer à Paris en bon ordre, et sans pertes sérieuses. A l'heure où s'opérait cette heureuse retraite, l'ennemi terminait son investissement. Paris allait être, pour cinq mois, séparé du reste du monde.

II.

Le général Javain, commandant la troisième circonscription, avait établi son quartier général rue Brézin, 11, à Paris-Montrouge; la maison était, en même temps, occupée par le service du génie du 8e secteur. C'est là que, le 21 septembre, nous eûmes la joie de revoir l'excellent de l'Espée, dont les circonstances nous avaient tenu fort éloigné depuis le temps de l'École polytechnique. Il nous fut donné, à tous deux, d'oublier ces vingt ans de séparation, d'autant plus vite que le général Javain voulut bien attacher l'arrivant au service du 8e secteur. Nous allions, dès lors, vivre ensemble de la même vie active, être agités des mêmes craintes et des mêmes espoirs fugitifs, souffrir des mêmes angoisses, subir les chances des mêmes événements de guerre. Cette communauté de dangers, de privations, de fatigues, d'impressions trop généralement douloureuses était bien de nature à resserrer étroitement les liens de l'affection, et, nous le dirons toujours, c'est un ami que nous avons perdu.

Dès le matin de son arrivée rue Brézin, de l'Espée prit le service, et ses débuts furent des plus heureux. Ses relations personnelles avec la Compagnie du chemin de fer de l'Ouest, dont il était l'un des administrateurs, lui permirent de mettre à notre disposition 3,000 rails d'acier, grâce auxquels il fut facile de parachever, dans des conditions exceptionnelles d'élégance et de solidité, les abris blindés que nous organisions dans les talus du rempart, entre la Bièvre et le chemin de fer de Versailles (rive gauche). On vint voir, de toutes parts, les abris du 8ᵉ secteur, et de l'Espée reçut, à ce sujet, les félicitations du général de Chabaud-la-Tour, devenu commandant supérieur du génie de l'armée de Paris.

Notre ami avait, en même temps, entrepris une besogne dont les fruits furent goûtés de chacun pendant toute la durée du siége. Les ouvriers qu'il avait ramenés de la Capsulerie exerçant, pour la plupart, le métier de bûcheron, il les répartit en divers ateliers de fascinage, installés : l'un à Cachan, sur la Bièvre ; un autre, au parc d'Issy ; le plus important, à Paris même, sur l'avenue d'Orléans, vis-à-vis la gare du chemin de ceinture. Les mesures les plus équitables, les procédés les plus ingénieux lui permirent de se procurer régulièrement des branchages, et les confections s'opérèrent sans aucun temps d'arrêt, aussi correctement que sur le polygone d'une école régimentaire du génie. Le chantier de l'avenue d'Orléans fonctionna quatre mois consécutifs et produisit : 6,000 gabions, 15,000 fascines, 300 fagots de sape, 12,000 claies et 9,000 piquets de toute grandeur. Ces chiffres ont certainement leur éloquence. Le matériel confectionné était, au fur et à mesure des besoins, dirigé sur chacun des secteurs de la troisième circonscription ou sur les forts du sud, particulièrement sur ceux de Montrouge, de Vanves et d'Issy. On expédiait aussi nombre de fascines aux redoutes des Hautes-Bruyères et du Moulin-Saquet ; on pourvoyait enfin, et très largement, aux exigences des travaux de contre-approche exécutés en avant de Cachan et de la maison Millaud. Les voitures employées à ce service ramenaient dans la place des corps d'arbres, des légumes, des fourrages, adroitement soustraits au maraudage des communeux de Montrouge.

Les grands travaux de défense dont nous étions chargés, tant à l'intérieur qu'à l'extérieur de l'enceinte, ne pouvaient nous faire demeurer étrangers aux faits de guerre qui s'accomplissaient au sud de Paris, et nous n'étions pas sourds au bruit du canon. Déjà, les 23 et 30 septembre, nous avions, du terre-plein du bastion 80, prêté l'oreille aux détonations des combats de Villejuif et de Chevilly ; le 13 octobre, nous assistâmes à l'affaire de Bagneux. Debout, sur la plongée du fort de Montrouge, nous vîmes, sur tous les points, s'engager et se clore l'action, et ce spectacle, alors nouveau pour lui, fit sur Henri de l'Espée une impression très-vive.

Nous devions être, quinze jours après, soumis à des émotions d'un autre ordre.

On se rappelle le fait de la reprise du Bourget par les Prussiens (30 octobre). Cet échec de nos armes devait singulièrement favoriser les projets du parti communiste, alors à l'affût d'un prétexte qui lui permît de se venger du *fiasco* des 5 et 8 octobre. Les déclassés, que la célèbre *Internationale* ameute et garde à sa solde, ne se distinguent point d'ordinaire par une puissance d'invention bien considérable; l'observateur constate, au contraire, que leur manière d'opérer est toujours exactement la même. Pour ouvrir les hostilités, ils adoptent d'abord un mot de ralliement. Un cri, quel qu'il soit, il leur faut un cri qui enlève bien le peuple, et ils réservent, comme l'on sait, le monopole de cette dénomination de *peuple* à l'ensemble de ces viles multitudes dont nous apprécions aujourd'hui les heureuses prédispositions. L'entraînement s'obtenait jadis au cri de : « *Vive la Pologne!* » Nous venons d'entendre : « *Vive la Commune!* » Au 31 octobre, le jeu d'un beau mouvement d'indignation patriotique fit éclater le symbole : « *Au Bourget! au Bourget!* » Ce motif servait d'introduction à l'inévitable : « *Vive la Commune!* » Et l'invasion de l'Hôtel-de-Ville fut accompagnée d'un double concert de clameurs. On se rappelle l'issue de la journée du 31. Le gouvernement de la défense nationale ne put être délivré que fort avant dans la nuit, mais il fut délivré; toutefois, le fait de l'insuccès de l'émeute ne fut point porté immédiatement à la connaissance des quartiers éloignés du centre de Paris. Aussi, dès le matin du 1er novembre, Montrouge se trouvait-il dans un état d'agitation extrême, entretenu par quelques agents subalternes de la Commune avortée. Les rassemblements étaient nombreux; et les discussions, très-vives. On élaborait des programmes politiques inénarrables; on parlait de fusillades et de guillotinades; on apposait force affiches rouges, et le papier blanc de la municipalité du XIVe arrondissement convoquait bravement le public aux « *élections à la Commune.* » Ce dernier document ne fut pas très-longtemps respecté sur les murs : le 18e bataillon de la garde nationale, qui descendait l'avenue d'Orléans, vers neuf heures, ne trouva pas de son goût la prose municipale, et se mit en devoir d'en lacérer les exemplaires encore humides de colle. L'acte de justice était à peine entamé qu'il souleva l'indignation de quelques gardes nationaux appartenant à d'autres bataillons, notamment au 103e, et il s'ensuivit des conflits tumultueux. Henri de l'Espée et nous, passions alors tous deux par l'avenue, et, nous approchant d'un groupe, nous n'hésitâmes point à encourager le 18ᵉ de notre franche approbation.

Il n'en fallut pas davantage pour détourner et déchaîner sur nous la fureur des braillards les plus exaltés, et un capitaine du 103ᵉ voulut, sans plus de formalités, nous mettre en état d'arrestation. Nous n'oublierons jamais les traits de cet homme : c'était bien le type des carnassiers à face humaine dont les ruisseaux de Paris ont seuls le don de stimuler la génération spontanée. De petite taille, la face chafouine et bistrée, l'œil injecté, l'écume aux lèvres, ce spécimen abject des officiers *du peuple* insista vivement, et en un langage sordide, sur la nécessité de nous faire sur-le-champ *prisonniers du peuple*. Ne méritaient-ils pas, en effet, d'être déférés à la justice du *peuple* ceux qui osaient, en plein jour, applaudir aux faits et gestes des ennemis de la Commune ?

Nos réponses dédaigneuses ne nous eussent probablement pas aidés à échapper aux griffes de ces hommes fauves, mais les officiers du 18ᵉ bataillon parvinrent à leur faire comprendre que leur bienheureuse Commune n'était pas encore constituée ; que le gouvernement de la défense nationale était toujours debout ; que, en agissant comme ils venaient de faire, ils s'exposaient à être arrêtés eux-mêmes par les soins de l'amiral Méquet, commandant supérieur du 8ᵉ secteur. Convaincu, non sans peine, de la nécessité où il était de lâcher sa proie, le capitaine du 103ᵉ nous jeta un regard aigu, fait pour nous ouvrir le ventre. « C'est bon, nous dit-il avec un sourire venimeux, c'est bon, messieurs les commandants à Trochu !... ça sera pour une autre fois !.. mais croyez-moi, je ne vous dis que ça : soyez prudents ! »

Nous rappelions ces mots à de l'Espée au moment où il partait pour Saint-Étienne, et lui recommandions une prudence extrême. Que n'a-t-il différé son départ, au seul souvenir du hideux capitaine de Montrouge !

III.

D'excellents esprits croient devoir admettre en principe que, en temps normal, une garde nationale quelconque ne peut, sauf des cas très-rares, rendre à son pays que des services négatifs. C'est peut-être juger un peu sévèrement l'institution ; mais les bienfaits en sont, au moins, fort contestables, et il est assurément permis de la trouver inutile. Bien plus, nous estimons que, étant données certaines circonstances politiques, l'organisation d'une force nationale exagérée peut amener d'irréparables désastres. Ainsi, l'on ne saurait trop hautement condamner cette vaste improvisation de milice citoyenne faite au lendemain du 4 septembre. Qu'ils sont coupables, les hommes qui demandèrent alors des armes pour le peuple!... des armes pour la multitude en bloc!... Croyaient-ils donc qu'un homme pris au hasard dans la rue est digne de porter l'uniforme et peut faire un soldat? Ne savaient-ils pas que, en procédant ainsi par masses, ils allaient sacrer gardes nationaux des gens d'une honorabilité plus que douteuse? Les premiers éléments de la statistique eussent dû suffire à les arrêter sur une pente qui allait nous faire rouler avec eux dans l'abîme et déshonorer Paris... Paris, l'étoile de l'Occident! Ils ont conduit Paris à devenir, pour un temps, le théâtre de toutes les carmagnoles internationales.

Sans s'alarmer des conséquences déjà palpables d'une erreur sans précédents, et loin de songer à procéder aux épurations nécessaires, le gouvernement décréta, le 6 novembre, que les deux cent soixante-six bataillons de la garde nationale formeraient la première des trois armées alors en voie d'organisation; deux jours après, il décidait que chaque bataillon compterait quatre compagnies de guerre.

Bien qu'il eût déjà perdu quelques illusions touchant la valeur vraie de ces bizarres agglomérations d'hommes sans discipline, Henri de l'Espée s'empressa de réclamer son inscription aux contrôles du 15e bataillon — commandant de Narcillac — qui faisait le service au 7e secteur. Admis à l'une des compagnies de guerre, il alla, plus d'une fois, camper aux avant-postes avec ses nouveaux compagnons d'armes. Une nuit qu'il les suivit à Suresnes, il leur exposa minutieusement la liste des dures obligations auxquelles doit se soumettre le soldat qui veut être digne de ce nom. Comme il prêchait toujours d'exemple après avoir énoncé le précepte, notre ami eut un vrai succès, et nous savons qu'il émerveilla les gardes nationaux du 15e bataillon, lequel était, d'ailleurs, l'un des meilleurs de Paris.

Vers cette époque, le général Javain quitta la 3e circonscription pour prendre le commandement du génie de la 3e armée, sous les ordres du général Vinoy. Henri de l'Espée eut à cœur de rester attaché à la personne de son général et de prendre part à toutes les expéditions qu'il aurait à diriger. Il voulut en même temps continuer son service au 8e secteur, de sorte que, de fait, il se trouva, comme nous le disions plaisamment, être le seul officier volontaire qui fît, à la fois, partie des trois armées de Paris.

Nos travaux de défense étaient alors à peu près terminés et, le siège tournant au blocus, le mois de novembre s'écoula sans événements saillants. Notre ami, que dominait une activité dévorante, passa ce temps à lever, pour le *Plan Directeur*, tous les ouvrages de contre-approche ; à visiter les forts et les postes avancés ; à courir tous les environs de la région sud. La redoute des Hautes-Bruyères, où il reçut un jour le baptême du feu, le Moulin-Saquet, la Grange-Ory, la maison Millaud, sur la route d'Orléans, la maison Raspail, à Cachan, étaient tour à tour l'objet de ses études suivies et, chaque fois, il rapportait de ses excursions des documents précieux pour les opérations ultérieures de la défense. C'est ainsi que, un soir, en avant du moulin de Cachan, il reconnut une maison à toit rouge, occupée par un poste prussien. Il la repéra sur le terrain, et sur la carte, par un procédé fort ingénieux, et put ainsi la signaler au fort de Montrouge. Le lendemain, dès l'aube, les matelots-canonniers du fort envoyaient sur la maison une douzaine d'obus qui en provoquaient l'évacuation immédiate.

Tantôt, de l'Espée allait à Ivry voir son cousin François Daru, brave jeune homme qui servait dans une compagnie de guerre de la garde nationale ; tantôt, il courait à Bicêtre serrer la main de M. Benoist d'Azy qui avait repris son métier d'officier de marine ; mais ses promenades favorites étaient pour le fort de Montrouge, où il retrouvait le colonel Lévy, et pour les forts de Vanves et d'Issy, dont les travaux l'intéressaient vivement. Parfois, enfin, il poussait jusqu'à Billancourt et, de là, revoyait les parapets de sa chère Capsulerie, alors au pouvoir des Prussiens. Il était ordinairement suivi, dans ces excursions, d'un ou de plusieurs de nos compagnons du 8e secteur, notamment de MM. de Fréminville, Aimé Girard et Yver, dont il avait facilement gagné l'amitié. Ce nous est une consolation d'écrire ici le nom de ceux qui, nous n'en doutons point, partagent notre deuil.

Le soir, au cercle du XIVe arrondissement où nous nous réunissions, Henri de l'Espée nous racontait ses exploits de la journée ; il le faisait en ce langage simple, imagé, plein de grâce, dont lui seul avait le secret, et l'auditoire était toujours charmé. Toutes ses reconnaissances militaires sont d'ailleurs consignées en des Mémoires qu'il écrivait au jour le jour, et que ses enfants pourront lire. Qu'ils méditent ces études de leur père ! qu'ils héritent de son courage et de son ardent patriotisme !

Le mois de novembre touchait à sa fin, et des proclamations retentissantes nous laissaient croire que l'heure de la délivrance allait enfin sonner pour Paris assiégé. Le 28 au soir, en effet, nous reçûmes des ordres précis : il s'agissait, pour la 3e armée, d'opérer le lendemain une violente diversion sur Choisy-le-Roi, pendant que le général Ducrot, à la tête de la 2e armée, allait franchir la Marne pour opérer sa jonction avec les forces imposantes... qui n'existaient que dans l'imagination de M. Gambetta. Le 29, à cinq heures du matin, de l'Espée était, avec le général Javain, sur les glacis du fort de Bicêtre.

Les marins de l'amiral Pothuau engagèrent vivement l'action, et le village de l'Hay fut pris de très-bonne heure; mais il fallait y rester, l'occuper solidement, et, malheureusement, les outils manquaient. Nous avions prévu le cas; la voiture du 8e secteur était prête, et nous pûmes satisfaire sans retard à la demande exprimée en ce télégramme, que de l'Espée nous adressait de Bicêtre à huit heures du matin. Nous le reproduisons textuellement : « Envoie au galop la voiture d'outils; mets-y tout ce que tu pourras en pinces et pics à roc. Requiers s'il le faut, et envoie ventre à terre, vite, vite ! — Nous partons pour les Hautes-Bruyères. — Hâte, hâte les envois ! »

A neuf heures, les outils étaient aux Hautes-Bruyères, mais, hélas ! inutiles. L'ordre de cesser le feu venait d'être donné, et les troupes qui avaient pris la Gare-aux-Bœufs n'avaient plus qu'à se replier sur Paris.

Parti plein d'ardeur et d'espoir, de l'Espée revint la mort dans l'âme : le salut de la France lui semblait compromis. En passant par Arcueil, il y vit un blessé couvert de sang, étendu sur le dos, agonisant. A ses côtés un prêtre, couché sur le ventre, collait l'oreille à ses lèvres et recevait sa confession.

Notre ami n'y put tenir... il se mit à fondre en larmes.

IV.

Il n'entre point dans le cadre de ce récit de faire l'historique des opérations de guerre du mois de décembre. Après les batailles de Champigny-Villiers, il y eut comme une sorte d'accalmie; mais, le 21, le feu reprit avec une violence extrême. Le 27 au matin, l'ennemi démasqua des batteries de gros calibre contre les forts de l'Est, de Noisy à Nogent, et contre la partie nord du plateau d'Avron, alors occupé par nos troupes.

C'est précisément cette journée du 27 décembre que Henri de l'Espée choisit pour visiter en détail la position d'Avron. Il le fit en compagnie de MM. Aimé Girard, Yver et de Fréminville, et tous quatre essuyèrent une grêle de projectiles dont ils nous rapportèrent le soir quelques échantillons. Les éclats d'obus prussiens étaient alors chose toute nouvelle, et, ils eurent en conséquence, grand succès à Paris. Henri de l'Espée exposa triomphalement les siens sur sa cheminée, non sans les avoir revêtus de l'inscription : *Plateau d'Avron,* 27 *dé-*

cembre 1870. Ses enfants retrouveront à leur foyer cette précieuse relique militaire... à moins que les gens de la Commune n'aient mis à sac l'hôtel de leur père assassiné.

La pluie de feux qui couvrait le plateau d'Avron semblait bien être le prélude d'un bombardement général de la place. Le 5 janvier, en effet, les redoutes des Hautes-Bruyères et du Moulin-Saquet; les forts de Montrouge, de Vanves et d'Issy; les 6e, 7e et 8e secteurs de l'enceinte furent en butte aux premiers projectiles destinés à intimider les défenseurs. Nous en étions venus à ce fameux moment psychologique si longtemps attendu et chanté par nos mystiques adversaires, et le bombardement qui commençait pour nous allait durer jusqu'au 26 janvier — minuit — c'est-à-dire vingt-deux jours et vingt-trois nuits, sans la moindre solution de continuité.

Le quartier de Montrouge, l'un des plus rudement atteints, était en prise aux batteries prussiennes de Fontenay-aux-Roses, de Bagneux, de Châtillon, de Meudon, à raison de trois, quatre et même cinq projectiles à la minute. C'étaient le plus souvent des obus de 0^m,148 de diamètre. Le rempart du 8e secteur, l'avenue d'Orléans, celle de Châtillon, la chaussée du Maine, la place d'Enfer, toutes les rues du XIVe arrondissement devenaient impraticables pendant le jour. Nous ne pouvions plus sortir sans avoir à passer sous la trajectoire de quelque morceau de fonte prussienne; enfin, le 15 janvier, vers neuf heures du soir, un obus éclata dans un mur de notre maison de la rue Brézin. Henri de l'Espée, dès le lendemain, fit, à ce sujet, des observations curieuses dont il déduisit les lois de chute et d'éclatement du projectile. Un croquis qu'il nous montra permettait de conclure que le métal psychologique nous avait été adressé par l'une des pièces de la terrasse de Meudon.

Vers le soir, les rues de Montrouge étaient un peu plus sûres. Mais bientôt l'orage reprenait, et les nuits étaient terribles. L'ennemi ouvrait son angle de tir, et les obus passaient en foule par-dessus nos têtes pour aller frapper les édifices de la rive gauche de la Seine. C'étaient des explosions sourdes, des fracas stridents, des sifflements furieux... et il était difficile de fermer les yeux sous cette immense gerbe de feux courbes; nous ne pouvions nous habituer à ces longues nuits d'insomnie.

Les bombarderies de M. de Moltke n'étaient cependant pas de nature à nous empêcher d'opérer au dehors. En particulier, la nuit du 9 au 10 janvier fut employée à la destruction des ouvrages entrepris par l'ennemi au *Moulin-de-Pierre*, en avant du fort d'Issy. L'expédition, dont le but ne fut qu'en partie atteint, dut être recommencée dans la nuit du 13 au 14, et, cette fois, elle échoua complètement par suite de circonstances qu'il est inutile de rapporter ici. Les travaux de l'attaque furent dirigés, à chaque reprise, par le général Javain dont la bravoure est proverbiale, et, fidèle à son général, Henri de l'Espée ne le quitta pas un instant. A la seconde nuit, celle qui fut témoin de notre échec, nos soldats, accueillis par une canonnade des plus vives, se mirent à battre en retraite assez précipitamment; il y eut même dans les rangs un instant de panique. Les mobiles ahuris couraient en désordre vers la tranchée et, pour aller plus vite, bousculaient tout ce qu'ils rencontraient sur leur passage. Le général Javain reçut ainsi un coup de crosse à la hanche, et Henri de l'Espée fut renversé sur le revers d'un talus. Mal en advint au fuyard qui, dans sa course folle, avait pris sur le terrain la place de notre ami : un obus l'enleva par les reins et le jeta pantelant à dix pas de là. Ce n'était pas hélas! une mort de soldat que les desseins de Dieu réservaient à notre malheureux Henri.

De l'Espée avait encore à se distinguer en mainte occasion avant la fin du siége, et d'excellentes mesures furent dues à son initiative. On n'avait vraisemblablement pas supposé que les forts du sud dussent jamais être battus en brèche, car leurs approvisionnements laissaient vivement à désirer. Ils étaient dépourvus de tout, et cet état de choses nous suggéra l'idée de créer pour Issy et Vanves un service de transports de nuit. Henri de l'Espée, esprit essentiellement organisateur, se chargea de l'exécution : il trouva des voitures, des charretiers, des conducteurs de convois et, durant vingt nuits consécutives, Vanves et Issy reçurent régulièrement les rechanges et le matériel dont ils avaient besoin. Ils purent ainsi se réparer et tenir convenablement.

Le fort de Montrouge pouvait, d'ailleurs, être ravitaillé tout spécialement par le moyen d'une galerie souterraine qui le mettait en communication directe avec le bastion 80 de l'enceinte. Mais, au moment du bombardement, cette communication, due à un véritable trait de génie de notre ami Descos, ingénieur des mines, cette galerie se trouvait malheureusement dans un état de praticabilité douteuse; elle était dépourvue de descenderies, de rails, de voies de garage, et, par suite, ne paraissait pas devoir rendre de grands services. Henri de l'Espée se souvint alors qu'il était, lui aussi, ingénieur, et sut remédier à toutes les défectuosités.

Les gardes nationaux qui étaient appelés à escorter nos convois de nuit avaient l'habitude de se défiler si prestement que, de cent cinquante hommes réunis le soir à la porte de Châtillon, il n'en arrivait guère qu'une vingtaine à Vanves. On crut pouvoir les mieux tenir en les échelonnant sous terre dans une galerie abritée des obus, et cet espoir ne fut pas déçu. Égrenés en chapelet, ils formèrent une *chaîne* continue du bastion 80 jusqu'au fort de Montrouge, et l'on fit ainsi passer au fort des gabions, des fascines, des piquets, des sacs de plâtre et de ciment, enfin des sacs à terre *pleins* à raison de soixante-quinze à l'heure ; si bien que, à la fin du siége, l'ennemi lui-même admira le bon état des parapets et des embrasures. Tout l'honneur de cette manœuvre revient à Henri de l'Espée, que secondèrent avec le plus grand dévouement MM. Yver, Aimé Girard et Groslous.

Vers le 25 janvier, les Prussiens, toujours bien renseignés, surent que l'entrée de notre galerie souterraine se trouvait au bastion 80. Ils dirigèrent aussitôt sur ce point un feu des plus violents, et nous dûmes procéder sur-le-champ à d'importants travaux de blindage. Les projectiles ne nous épargnèrent point pendant cette opération, et la journée fut rude. Ici encore, nous ne pouvons hélas ! nous défendre d'un bien amer regret. Malheureux ami, puisque vous deviez bientôt mourir, que n'avez-vous été, ce jour-là, atteint en pleine poitrine de l'éclat d'un obus prussien !

V.

Tous nos efforts étaient désormais inutiles ; la famine venait d'amener la chute de Paris. Nous nous embrassâmes en pleurant.

L'histoire jugera sans doute avec une inflexible sévérité les idées préconçues et les tendances funestes qui présidèrent aux opérations de la défense. Pour nous, témoins des événements, et placés, par conséquent, en deçà du point convenable, il nous était impossible de bien voir le tableau que nous avions sous les yeux, et nous ne saurions formuler de critiques sûres. Nous estimons d'ailleurs, avec Henri de l'Espée, qu'il convient de ne point se laisser aller aux vaines récriminations ; de ne point perdre, aux yeux de l'Europe, le prestige d'un siége long et douloureux.

Nous dirons seulement avec lui que toutes nos institutions militaires sont frappées d'une impuissance sénile ; qu'il faut, à tout prix, renoncer à notre indolence et détruire les abus qui nous rongent ; que la France va bientôt finir, si elle ne sait point se retremper aux sources vives où se puisent la vraie science, la vraie force et la vraie grandeur. C'en est fait de notre malheureux pays si chacun de nous ne peut élever son âme assez haut pour revenir aux vertus d'un autre âge, à ces vertus militaires que notre pauvre Henri de l'Espée mettait si simplement, si noblement en pratique.

Nous n'avons jamais vu plus grand ni meilleur soldat. Ainsi que les héros légendaires, il s'exerçait à toutes les fatigues, à toutes les privations. Il couchait à plaisir sur le sol et savait au besoin se passer de sommeil ; il acceptait gaiement toutes les bizarreries d'un régime obsidional; partout où l'appelait le devoir, il courait, et d'un pas égal, par le vent, par la pluie, par la neige. Il s'était, en un mot, rendu maître de son corps, et sa conscience soumettait ce corps à de rudes épreuves. Nous le voyons encore s'apprêter en chantant et partir pour ses expéditions : il portait alors une grande capote de soldat du génie, avec un revolver, une gourde, une sacoche contenant deux biscuits, ses instruments, sa jumelle, et le petit livre de prières qui ne le quittait jamais. Cet équipement lui seyait à merveille, et grande était sa joie quand on le félicitait de sa tournure militaire.

Il était d'une bravoure exceptionnelle, et nous n'avions qu'un reproche à lui faire : il s'exposait trop au feu. Nous n'étions en dissentiment avec lui que sur un point : il estimait qu'on peut faire un soldat en prenant au hasard un homme dans la rue et lui mettant un fusil à l'épaule. Cette erreur généreuse venait de ce qu'il mesurait tous les hommes à sa taille; de ce qu'il oubliait naïvement sa nature d'élite.

Les gens courageux, les militaires de la vieille roche, les fidèles du drapeau savaient aisément gagner son cœur, et, s'ils avaient une fois combattu près de lui, ils lui devenaient à jamais chers. Les lâches et les couards le trouvaient, au contraire, intraitable. Les mauvais soldats, les altérés de paix à tout prix n'avaient qu'à se montrer pour soulever des tempêtes dans cette âme ordinairement si placide.

Le siége terminé, Henri de l'Espée ne voulut voir attribuer aucun prix aux services éminents qu'il avait rendus. Au moment où la France était précipitée dans l'abîme, on vit se déchaîner de féroces appétits ; on assista à de honteuses curées. C'était un spectacle attristant. Lui, le brave Henri, refusa la croix.

Il sut, d'ailleurs, faire récompenser largement tous ses compagnons de combats, tous les braves qu'il avait vus à l'œuvre, à Paris, à Cachan, au Moulin-de-Pierre. Ceux qu'il faisait décorer étaient, le plus souvent des blessés qui ne tardaient pas à mourir, ou bien, c'étaient de dignes officiers qui bientôt se faisaient tuer sous nos murs. « Je leur porte donc malheur! » nous disait souvent de l'Espée.

Ah! malheureux ami, ceux-là sont moins à plaindre que vous! Ils sont morts de la mort des braves, de celle que vous méritiez si bien. Mais que votre grande âme repose en paix! Ceux qui vous ont aimé n'oublieront pas que, digne frère d'armes de ces soldats, vous avez, aussi bien qu'eux, donné tout votre sang pour le salut de la patrie en deuil.

Nous empruntons à Mme la comtesse de Mirabeau ce tableau de l'agonie de notre cher de l'Espée, tableau qui semble s'éclairer d'un reflet de la Passion du Christ :

« . . . .

« Le 25 mars, à quatre heures du soir, l'Hôtel-de-Ville de Saint-Étienne fut cerné comme la veille ; des gardes nationaux et des ouvriers armés entrèrent à la préfecture aux cris de : Vive la Commune !

« Forçant portes et consignes, ils arrivèrent inopinément à la porte du cabinet où, depuis le matin, M. de l'Espée, sans perdre un instant, travaillait à se mettre au courant des affaires du département; en sortant de son cabinet, le préfet se trouva au milieu d'une foule rugissante, seul avec un jeune substitut, M. Gubian, qui, le voyant en danger, vint lui offrir ses services, et resta près de lui jusqu'à la fin, au risque de partager son sort.

— « Ce *matin*, lui dit M. de l'Espée, *chacun ici m'avait promis son concours, mais je ne vois que vous. Marchons donc tous deux.* »

« Il chercha à percer la foule pour savoir ce qu'étaient devenus le colonel de la garde nationale et le capitaine de gendarmerie, afin de leur donner des ordres, mais ils avaient disparu ; les insurgés s'emparèrent du préfet, et après l'avoir promené à travers les corridors, ils le conduisirent avec son fidèle compagnon, dans la grande salle de l'Hôtel-de-Ville, où on les fit asseoir.

« Alors les délégués du peuple lui demandèrent de donner sa démission et de proclamer la Commune.

« M. de l'Espée leur répondit :

« — *Vous me demandez ma démission, et je ne suis ici que depuis hier ; vous ne m'avez pas encore vu agir. Vous me demandez de proclamer la Commune, et vous savez que je ne le puis pas, puisque je représente le gouvernement de Versailles.* »

« La foule continua à grossir et à s'agiter ; des hommes à figures hideuses venaient examiner M. de l'Espée, et les chefs de clubs, confondant son nom avec celui de M. de Lespine, lui reprochèrent d'avoir été secrétaire de M. de Morny ; en quelques mots, il réfuta cette erreur ; mais à ce grief imaginaire il en succédait d'autres, et le préfet resta en butte aux insultes de ces énergumènes qui ne voulaient écouter que leurs passions haineuses.

« Vers sept heures, tous ces gens se mirent à boire et à manger, et l'un d'eux, s'approchant de M. de l'Espée, lui demanda s'il avait faim. Le préfet lui remit une pièce d'argent en le priant de lui apporter du pain. L'insurgé apporta du pain, du vin et du fromage, et M. de l'Espée, se tournant vers M. Gubian, lui dit en souriant :

— « *Je vais donc vous offrir à dîner.* »

« Quiconque l'a connu, brave et gai tel qu'il était, devine l'expression de sa figure quand il prononça ces mots, et pourtant il voyait venir le danger, car il ajouta un instant après :

« — *Ces gens là sont capables de tout.* »

« A mesure que le temps s'écoulait, le tumulte grandissait ; les émeutiers s'excitaient les uns les autres, et les menaces succédaient aux cris ; un coup de pistolet fut tiré en l'air ; la balle frappa le plafond, et les éclats de plâtre et de bois retombèrent sur M. de l'Espée qui dit à son jeune compagnon :

« *Je ne sortirai pas vivant d'ici... vous porterez mes adieux à Mme de l'Espée ; vous lui direz que mes dernières pensées seront pour elle.* »

« Puis il lui indiqua où se trouvaient des papiers importants déposés dans la chambre qu'il devait occuper, et le pria de les soustraire aux émeutiers, s'il parvenait à s'échapper de leurs mains.

« A dix heures et demie, une rumeur formidable s'éleva dans le fond de la salle : « Il est temps d'en finir ! » criaient les forcenés, qui avaient soif de sang, et les deux prisonniers se trouvèrent resserrés par une foule compacte.

« Le préfet consent-il à donner sa démission et à proclamer la Commune ? » criait-on de toutes parts.

« M. de l'Espée se leva et répondit :

« *Dans l'état actuel des choses, vous pouvant tout et moi ne pouvant rien, je consens à donner ma démission, parce que ce n'est qu'une question de situation privée ; mais, quant à proclamer la Commune, vous me demandez ce qu'il m'est impossible de faire.* »

« Plusieurs insurgés, ou plutôt, plusieurs assassins s'élancèrent à la fois sur lui ; ceux qui étaient chargés de le garder essayèrent de les repousser, mais ils furent rejetés en arrière, et l'un d'eux tomba sur M. Gubian.

— « Une dernière fois, cria-t-on, proclamez la Commune !

— « *Non !* répondit M. de l'Espée. »

« Et pour montrer à ses meurtriers qu'il ne cherchait pas à fuir leurs coups, il s'assit.

« Alors commença une fusillade qui dura deux minutes. M. de l'Espée, frappé au front, tomba sans prononcer une parole.

« M. Gubian fut préservé par l'homme qui avait été renversé sur ses genoux, et dont le cadavre lui servit de rempart. »

La mémoire de la victime devait bientôt être honorée d'une manière éclatante et ce nous est une consolation de reproduire *in extenso* cette partie du compte rendu de la séance de l'Assemblée nationale du 27 mars 1871 empruntée au *Journal Officiel* :

M. Cunit a la parole.

M. Cunit. Messieurs, vous savez les douloureux événements dont la ville de Saint-Étienne vient d'être le théâtre et dont le préfet vient d'être la victime. Permettez que, d'accord avec M. le ministre de l'intérieur, d'accord avec tous mes collègues de la députation de la Loire, je vienne vous soumettre une proposition dont je vous demande la permission de vous donner lecture. (Écoutez ! écoutez !)

L'Assemblée nationale rendait hier un solennel hommage à la mémoire des généraux Lecomte et Clément Thomas, traîtreusement assassinés à Paris.

La ville de Saint-Étienne vient d'être souillée par un forfait non moins exécrable.

Un décret du 20 mars avait nommé préfet de la Loire M. de l'Espée.

En acceptant du chef du pouvoir exécutif cette difficile mission, M. de l'Espée n'avait cédé qu'aux sollicitations réitérées de la députation de la Loire. Le poste n'était pas moins périlleux que celui qu'il avait défendu devant les Prussiens pendant le siège de Paris. Il s'y est immédiatement rendu avec la résolution calme de l'homme dont le cœur et l'esprit sont grands, et qui est prêt à tout affronter pour Dieu, l'honneur et la patrie. Sous son énergique direction, et avec le patriotique concours de la garde nationale de Saint-Étienne, l'ordre, qui avait paru un instant troublé, a été immédiatement rétabli.

Les scélérats, qui profitent de ce que notre infortunée France saigne par tous les pores pour redoubler contre elle leurs coups parricides, ont senti que le préfet de la Loire ne saurait être vaincu.

Ils l'ont assassiné !

Messieurs, pleurons, ou plutôt, honorons ensemble le trépas, et pour dire mieux, le martyre de ce héros, et que, dans un temps qu'ont attristé tant de défaillances morales, l'Assemblée nationale déclare qu'Henri de l'Espée, le vaillant magistrat, le généreux citoyen qui n'est plus, a bien mérité de son pays.

Signé : comte de Sugny, L. Arbel, Boullier, A. Callet, vicomte de Meaux, Louis de Saint-Pierre (Manche), Cunit, Soury-Lavergne, Dorian.

Quelques membres. L'urgence !

M. le Président. Il ne s'agit que d'une résolution de l'Assemblée et non d'une proposition soumise aux formalités réglementaires.

M. Ernest Picard, *ministre de l'intérieur.* Messieurs, le Gouvernement s'associe aux nobles paroles qui viennent d'être prononcées à cette tribune. M. de l'Espée était un homme des plus distingués, qui honorait l'administration, en venant, dans le moment du péril, lui apporter son concours. Nous n'avons reçu que peu de détails sur sa triste fin. Nous avons seulement appris, par une dépêche de Lyon, qu'il avait été assassiné, à l'Hôtel-de-Ville, dans l'exercice même de ses fonctions, dans l'accomplissement de son devoir. Ce crime serait l'œuvre d'un énergumène — c'est le terme employé par la dépêche — dont je ne veux pas, n'étant pas encore complétement informé, prononcer le nom à cette tribune. L'un des assistants se serait précipité sur l'assassin et en aurait fait immédiatement justice.

Les détails que je porte à la connaissance de l'Assemblée sont les seuls qui soient arrivés à la nôtre. (Mouvement.)

M. LE PRÉSIDENT. L'Assemblée veut-elle voter immédiatement la résolution? (Oui! oui!)

« L'Assemblée déclare que Henri de l'Espée, le vaillant magistrat, le généreux citoyen, a bien mérité de son pays. »

Je mets cette résolution aux voix.

(L'Assemblée est consultée par assis et levé.)

M. LE PRÉSIDENT. La résolution est adoptée.

Quelques membres. A l'unanimité!

M. LE PRÉSIDENT. A l'unanimité. Je n'ai vu personne se lever à la contre-épreuve.

Il a donc BIEN MÉRITÉ DE LA PATRIE celui que nous pleurons!.. Cette belle formule antique honore, comme il convient, les vertus d'un grand cœur.

Fiers de cet héritage, ses enfants porteront dignement un nom que rend à jamais illustre l'immensité du sacrifice. Ils n'oublieront point que la tombe de leur père, mort victime de son devoir, peut emprunter au poète la plus touchante des inscriptions funéraires :

> — « ..... Cui Pudor et Justitiæ soror
> « Incorrupta Fides, nudaque Veritas.
> « Quandò ullum invenient parem ?
> « Multis ille bonis flebilis occidit... »

E. HENNEBERT.

TYPOGRAPHIE FIRMIN DIDOT. — MESNIL (EURE).

www.ingramcontent.com/pod-product-compliance
Lightning Source LLC
Chambersburg PA
CBHW060920050426
42453CB00010B/1832